Richard Jäger

Insel des Phönix

Gedichte

www.tredition.de

Zweite, bearbeitete und ergänzte Auflage
© 2015 Richard Jäger

Verlag: tredition GmbH, Hamburg

ISBN
Paperback: 978-3-7323-3626-5
Hardcover: 978-3-7323-3627-2

Printed in Germany

Prolog

Weit draußen vorm Strand zogen
die dunklen Silhouetten der Wale.
Am Grund, unter tosenden Brechern,
schlief eine versunkene Kathedrale.
Und Tempel mit goldenen Dächern
fand ich im wuchernden Dschungelgrün;
von schillernden Kolibris umflogen,
sah ich hängende Gärten erblühn.

Und junge Löwen sah ich spielen,
wenn ich zurück vom Fischen kam.
Delphine lächelten mir zu, als
ich durch grüne Wellen schwamm.
Und Blüten kränzten meinen Hals,
wenn ich das Muschelhorn erhob,
den Blick nach fernen Zielen,
mein Kanu in die Brandung schob.

Mein Inselreich lag unberührt
und barg geheimnisvolle Abenteuer.
Die Brandung war für mich Musik,
wenn ich zur Nacht am Lagerfeuer
saß und mit den Sternen schwieg;
am weiten, grauen Strand
hab ich dann Ewiges gespürt,
das mich dem Fluss der Zeit entband.

Wo ging dies alles hin?
Nur rauchende Ruinen ragen
noch von den goldenen Palästen.
Mein altes Kanu liegt zerschlagen
am Strand, und aus den Überresten
zischeln tausend Stimmen: Vergiss!
Und wie ein Traum entziehn
sich jene Bilder, werden ungewiss.

Nur manchmal, in geheimen
Augenblicken schließe ich die Lider:
und dann ersteht mein Paradies erneut,
und meine Meere funkeln wieder,
entsteigen der Vergangenheit,
wie in Muscheln, daran Kinder lauschen
und von den Meereswogen träumen,
die, eingeschlossen, ewig rauschen.

Am Fermasee

Du warst mein frühes Meer,
eh ich das echte kannte.
Bald jeden Feriennachmittag
kam ich hierher,
und Südseesonne brannte,
wenn ich am schmalen Ufer lag.

Wenn ich dann "Herr der Fliegen" las,
dich zur Lagune träumte,
ward all dies für mich wahr:
mein Atoll der steile Strand von Gras,
der funkelhelles Meer umsäumte;
du warst türkis und klar.

Hier saß ich Zigarette rauchend,
erlebte Londons Südseeabenteuer
und trank die Milch der Kokosnuss.
In deine trübe Tiefe tauchend,
ahnte ich rings Meeresungeheuer
und fand am Grund die Nautilus.

Wenn ich heut an deinem Ufer steh,
auf deine dunkle Spiegelfläche blicke,
erstehen nicht mehr jene Zeiten.
Dann bist du nur ein See.
Nichts blieb vom vergangnen Glücke.
Und Schwäne seh ich fern vorüber gleiten.

Die Bounty in Tahiti

Ja, wie ein Traum war jenes Paradies,
vor dem die Bounty endlich Anker ließ,
geschmückte Boote kamen angeschwommen,
und schöne Menschen hießen sie willkommen.

Das funkelnd blaue Meer umbrandet schäumend
die Fremden, die dem Landungsboot entstiegen,
und dunkle Mädchenaugen blickten träumend,
als ob die Neuankömmlinge Kronen trügen.

Wie Häuptlinge wurden sie empfangen,
von Männern, die mit weißen Zähnen lachten,
von jungen Frauen, die wie Kinder sangen,
von Kindern, die Geschenke brachten.

Am Himmel blinkte schon das Kreuz des Südens,
lau wehte Wind das Liebeslied des Friedens,
und Grillen sirrten, als sie festlich tafelten
und Früchte sich auf großen Blättern staffelten.

Und vor den Zelten hingen nachts die Hemden,
auf harten Matten schmiegten jugendliche Lenden
sich an die abgezehrten, großen Fremden,
die glaubten, dass sie sich im Paradies befänden.

Fletcher Christian

Fletcher Christian, Du warst unser Lot,
Du hast uns befreit, Du teiltest unsre Not,
Du führtest uns zu Tropenfrucht und Brot,
Du liebtest uns, wir brachten Dir den Tod.

Fletcher Christian, Du hast uns verführt,
hast mit uns das englische Joch gespürt,
hast unser Schiff in die Freiheit geführt,
hast Pitcairn zur sicheren Zuflucht gekürt.

Fletcher Christian, nach langer Fahrt
wähltest Du Pitcairn zum neuen Start,
die Engländer haben uns nimmer gewahrt,
Dein Traum war ein Leben gerechterer Art.

Fletcher Christian, wir waren verwirrt,
sind flüchtend auf dies Eiland geirrt,
Freiheit hat unsere Bosheit entschnürt,
hat feuergleich Zwietracht in uns geschürt.

Fletcher Christian, wir mieden Dein Gebot,
wir stahlen und fluchten und lebten verroht,
wir stritten um Frauen, wir haben gedroht,
wir mordeten endlich, vergaßen – Gott.

Fletcher Christian, unser Los war hart,
Du wurdest gemordet, Dir blieb es erspart,
Dein Grab ist vergessen, Dein Name bewahrt,
er sei wie ein Heiliger aufgebahrt.

Im Biergarten

Unter den hohen Kastanienbäumen
sitz ich beim Bier allein:
Das stete Raunen der Nebentische
wiegt mich in trunknen Träumen,
und der Laternenschummerschein
betäubt die jähe Abendfrische.

Erinnerungsdurchsetzten Rauch verbreiten
rot aufglimmend Zigaretten.
Hier schweift mein Blick tagein, tagaus,
bis nach dem Zehnuhrglockenläuten,
über die dunkel wogenden Silhouetten
weit in die Sternennacht hinaus.

Dann seh ich Dich: mir wohlvertraut,
mit schönen weißen Armen,
flink trägst Du das Tablett mit Bier,
vom Frösteln zart geport die weiche Haut,
und auf mein Winken endlich ein Erbarmen,
trägst Du Dein Lächeln auch zu mir.

Sag mir, wie lang...

Wie lang ist's her,
dass wir bei Dir
im Garten saßen?
Sag mir: wie lang,
dass wir gedankenschwer
Narziß und Goldmund lasen?

Wie lange, sag,
dass wir beim Mondaufgang
den warmen Sommertag
bei rotem Wein beschlossen?
Wie lang schon sind
die Abende verflossen?

Mein Freund, wie lang,
dass Grillen hundertfach gezirpt
und unsrer Stimmen heller Klang
die Sternennacht durchdrang
wie Kerzenschein im lauen Wind,
der wechselnd aufloht und erstirbt?

Wie lang, mein Freund,
dass gleiche tiefgefühlte Sorgen
uns beide still betrübten,
dass wir in Leid und Glück geeint
(Du weißt noch wen?)
die Eine liebten?

Lang ist dies her, so lang,
dass erst im kühlen Morgen
jene Gespräche endeten,
dass wir in feierlichem Schwang
den Wein vorm Gehn
den Göttern spendeten...

Die Mondfinsternis

So tief und dunkel ist die Nacht,
so finster wie des Menschen Gründe,
die Finsternis ist menschgemacht:
O dass der Mond erneut erstünde!

Der Mond, erst silberhell, dann rot,
stand beinah ganz im Erdenschatten.
Und stillgehegte Hoffnung bot
dies uns, die bang gewartet hatten:

Ein freier Wunsch, der sich erfüllt,
man darf ihn nur nicht weitersagen.
Der Mond war endlich ganz verhüllt.
Ich hab den Wunsch im Herz getragen.

Und keiner darf dies je erfahren,
was ich in jener Nacht erfleht,
auf dass der Wunsch in vielen Jahren
tatsächlich in Erfüllung geht.

Doch vor der sternumsäumten Leere
hat niemand an den Mond gedacht:
kein Wunsch, dass er je wiederkehre –
so blieb er fern in jener Nacht.

Und nimmer ging er auf seither,
und schwarz hebt sich zur Abendstund
seitdem um uns das Sternenmeer:
so finster wie des Menschen Grund.

Ich will die kleine Blume sein

Ich will die kleine Blume sein,
zu der Du lächelst, die still
im Garten zwischen andern steht,
die eine, die im großen Beet
von Veilchen und von Akeleien
Dir ganz allein erblühen will.

Ich will die kleine Blume sein,
zu der Du heimlich sprichst
und die Dir wiegend Antwort gibt.
O weiß ich mich von Dir geliebt,
ertrag ich tapfer meine Pein,
wenn Du mich zärtlich brichst!

Lass mich die kleine Blume sein,
die Du erwählst, bei Dir
zu wohnen. Die gern Du tränkst,
bei deren Angesicht Du denkst,
ein kleiner Garten zöge ein,
erblühte hinter Deiner Tür.

Wenn Du mich schließlich pflückst,
in eine hübsche Vase stellst,
so war mein Blühen nicht umsonst:
dann endlich bin ich, wo Du wohnst.
Wenn Du dann lächelnd zu mir blickst,
denk Dir, dass Du auch mir gefällst.

Orpheus und Eurydike
(unbekannte Fassung)

Er geht voran.
Und diesmal lauscht er nicht den Schritten.
So sehr hat er dies zweite Mal gelitten,
dass seines Wehgesanges Bitten
des Hades Gunst erneut gewann.
Und mühsam steigen sie hinan.

Er achtet nicht ihr Flehn,
so überschreiten beide den Abyss.
Der Mahnung ist er sich gewiss:
Sie muss zurück zur Finsternis,
sollt er nur einmal nach ihr sehn,
nach der ersehnten Braut sich drehn.

Orpheus, vergiß! Bezwing dein Herz!
Da vorne schimmert schon das Helle!
Und er steigt keuchend bis zur Schwelle,
und wie befreit tritt er ins Grelle,
und wie ein Vorhang weicht sein Schmerz;
auch Eurydike taumelt himmelwärts.

Und oben sinkt sie matt ins Gras
und ruft voll Hoffnung den Begleiter.
Doch seltsam, dieser schreitet eisern weiter,
und die schon fernen Lieder klingen heiter,
wie eines lange Kranken, der genas
– nun da er Eurydike vergaß.

Warum

Warum mein Schweigen,
wenn ich hätte sollen sprechen,
warum verzeihen,
wenn ich hätte können rächen?

Warum nicht lieben,
denn zurecht einander hassen,
warum sich halten,
statt einander gehn zu lassen?

Warum ein Lächeln,
wenn ich hätte können weinen,
warum bejahen,
wenn ich könnte auch verneinen?

Mein kleiner Meteor

Du kleines Licht,
das meine Nacht
wie Gold durchbricht,
die triste Welt
mir froh erhellt,
sie mir erst teuer macht.

Du kleines Licht,
das zu mir fand,
erlösche nicht!
Wenn es auch stürmt,
ruhst du geschirmt
in einer sanften Hand.

Du kleines Licht,
dein Widerschein
hellt mein Gesicht,
all das erglänzt,
das dich umgrenzt,
und will dir Spiegel sein.

Das Erkennen am Bahnsteig

Ich warte lang,
der Zug kommt spät,
die Zeit vergeht,
und mir wird bang.

Da fährt er endlich ein,
und Türen öffnen sich mit Zischen,
hundert Leute drängen sich dazwischen,
und jeder will der erste sein.

Jetzt strömen sie hinaus,
und jeder scheint den Weg zu wissen,
Männer, Kinder herzen, küssen,
ich schaue nach Dir aus.

Doch jeder Blick eilt abgewandt vorbei,
und kein Gesicht will, dass ich's kenne,
und langsam legt sich das Gerenne –
und Du warst nicht dabei.

Doch als der Pfiff des Schaffners gellt,
schon sich die Türen wieder schließen,
als sich die Letzten winkend grüßen,
da ist auf einmal *ein* Gesicht erhellt.

Ich brauche es nicht erst zu lesen,
es ist, als sähe ich es sogleich *ganz*,
als wär's inmitten schriller Dissonanz
als leiser Wohlklang immer da gewesen.

Zum Valentinstag

Leis' pocht mein Herz an Deine Tür
heute am Tag von Valentinen,
und öffnest Du, knie ich vor Dir
und schenk Dir mehr als nur Pralinen:
denn meines Herzens Klopfen schwört,
dass es noch immer gern nur Dir gehört.

Im Meer der Stille

Ein Sternfunke bricht
durch meine Schweigewelt,
und zitternd fliehn meine Geschöpfe.
Und schweigsam ist mein Meer
seitdem,
da eines anderen Menschen Puls
an meine Schläfe raunt.

Neubeginn

Musik, die früher Wirkung tat,
ward stumpf beim Wiederhören,
was früh mich mitgerissen hat,
ließ sich nicht neu beschwören.

Wie ich's zum ersten Mal erlebt,
so wollt's mich nicht mehr rühren,
wie es mich schauernd früh durchbebt,
konnt' ich's nur schwach verspüren.

Und ich versuchte lange nicht,
mich frühen Fühlens zu erinnern,
als ungeschriebenes Gedicht
verschloss ich es in meinem Innern.

Doch unvermutet fühl
ich nun den Funken wieder zünden,
der stummen Seele Widerspiel
als Wort mich wiederfinden.

Wie wär's mal wieder mit Gedichten?

Nun, lieber Leser, liebe Leserin:
wie wär's mal wieder mit Gedichten,
nicht mit den spannenden Geschichten?
Auch wenn Du meinst, die Lyrik
sei kurz und zudem schwierig –
so findest Du darin
womöglich andre, stille, innre Worte,
(nicht jene von der äußerlichen Sorte,
die fremde Leben spielen
mit großen Gebärden,
Leben, die rasch vergessen werden):
und hast Du ihnen Zeit gegeben,
Zeit, ihrem Klingen nachzufühlen,
so spiegeln sie kein fremdes Leben:
sie weisen zu Dir selber hin.

Du träumst

Du träumst, mein Kind,
wach auf!
Was gehst zur Tür
du blind hinaus,
trittst barfuß in den Garten?
S'ist keiner da,
auch hinterm Haus
wird keiner dich erwarten.
S'ist keiner nah,
der bleiche Mond
bescheint die weißen Füße.
Hier draußen wohnt
nur Nachtgetier,
so bleib doch, meine Süße!

Du träumst mein Kind,
wach endlich auf!
Was kletterst du
auf jenen Baum,
so völlig ohne Schuhe,
zum höchsten Wipfel
weit hinauf
und findest keine Ruhe?

S'ist nur ein Traum –
doch zu dem Gipfel,
zu den Stern'n
strebst immerzu
du selig himmelwärts,
suchst diese Nacht
den großen Herrn,
der dich, mein Herz,
nach draußen rief?

Du träumst, mein Kind,
wach nur nicht auf,
gib immer acht,
sonst stürzst Du tief!

Die Quelle im Schwarzwald
(eine Kindheitserinnerung)

An jener sonnenhellen Stelle
im sonst dunkel-kühlen Walde
fanden wir die schöne Quelle.
Ihr eisig-klares Wasser schwallte
aus rostig dickem Eisenrohr
ins grün bemooste Sandsteinbecken
und schoss daraus als kleiner Bach hervor,
floss über unbekannte weite Strecken,
über Geröll und zwischen Blaubeerhecken.

Wer weiß, weshalb es uns vergnügte,
dies frische Bächlein aufzustauen?
Nur Rinde und Gezweig genügte,
ein kleines Dammwerk zu erbauen.
Wo sich das Rinnsal nun verlor?
Ob talwärts nun ein Strom versiegte?
Wir stellten uns dies vor,
und unser kleines, unbedarftes Spiel
verfolgte wirklich dieses große Ziel...

Herbstgedanken

Trübe Nebel stehen
über dem brachen Feld,
schneidende Winde gehen
über die blassende Welt.
Entlang den Alleen
ragen die Bäume kahl.
Die dunklen Seen
erschimmern fahl.
Auf allen Wegen
schillern Pfützen,
eisiger Regen
tränkte die Ritzen.

Gen Süden ziehend,
steigen die Vögel auf,
den Winter fliehend,
folgen sie altem Lauf.
Zu fernem Land
treibt dies Gewimmel,
ein schwarzes Band
am grauen Himmel.
Und bald umringt
von hohen Wolkenbäuschen,
verklingt im Wind
ihr fernes Kreischen.

Sie werden bald

ein Paradies erreichen,

durch einen grünen Wald

mit wilden Früchten streichen

und fröhlich singend dort

ein zweites Leben führen,

am andern Ort

ein andres Glück erspüren.

Und auch den Weg zurück,

sie werden ihn einst finden,

uns fern erlebtes Glück

in Morgenliedern künden.

Ich schau entrückt empor,

seh sie ins Licht entschweben.

Steht *unser* Winter einst bevor,

ziehn wir nicht auch zu neuem Leben?

Doch Keiner singt

davon auf frischen Zweigen,

kein Morgenlied erklingt,

von jenem Paradies zu zeugen.

Ich blicke hinterher,

im Herzen still beklommen:

uns gibt es keine Wiederkehr,

kein Wiederkommen.

Der Mönch am Meer

Was bin ich klein
vor jenem großen Meere!
Was ist der Mensch allein!
Sieh, eine tiefe Wolke schwebt,
von einem fernem Licht durchwirkt.
Und wie ein Nebel senkt
sie sich und öffnet jene helle Leere,
die uns umfängt,
sich unverstellt und groß entbirgt.

Und meine Seele hebt
sich über jene schwarze Kluft,
die sie von jener Leere trennt.
Und staunend, ohne Erdenschwere
fährt sie auf einem stillen Floße,
und keine Worte kennt
sie für dies Namenlose,
das leis von Ferne nach ihr ruft.

Ewig das Firmament,
das vage schimmernd blasst,
uns unermesslich überragt!
Ewig das Meer, das uns umgibt,
nicht unsern Namen kennt
und nicht erfragt,
und uns nicht hasst,
nicht liebt!

(nach einem Gemälde von C.D. Friedrich)

Das tote Pferd

Es war ein später Herbst und kalt,
die Weide karg und abgefressen,
die kalten Winde hielt kein Wald.
Ein Bund Silage war nur zugemessen,
die war schon nass und faul
vom tagelangen kalten Regen,
und an ihr roch ein dürrer Gaul
und mocht sich nicht bewegen.

Das tote Pferd, fast nicht zu sehen,
lag erdig braun und klamm,
ich wollte nur vorübergehen,
da sah ich es im nassen Schlamm.
Ein andres magres Pferd stieg drüber,
fast stolpert es und sah nicht hin,
das dritte blickt nichtmals hinüber,
es stand und fror, mit stumpfem Sinn.

Des toten Pferdes Überrest
lag würdelos in einer Riefe,
verfilzt das Fell und tief durchnässt,
als ob es schmutzig schliefe.
Der Regen strömte fürchterlich
aufs erdige Gestein,
und jedes Pferd litt still für sich,
und jedes stürb' allein.

(nach einer Begebenheit in Irland)

Die Toteninsel

Auf düstrem Meer
ein schwarzer Kahn,
die See geht schwer,
er fährt voran,
er hält nach Nord.
Zwei Menschen sind an Bord.

Der Fährmann spricht nicht viel,
der Andre steht und fragt:
"Ist endlich dies mein Ziel,
das fern dort aus dem Wasser ragt?"

Der Fährmann schweigt.
Der Bug des Nachens zeigt
auf eine ferne Felsenwand,
die drohend groß dem Meer entsteigt.
Gleich einer hohlen Hand,
die eine schwache Flamme schirmt,
stehn ihre Felsen aufgetürmt,
umschützen eine stille Bucht,
wohin der Nachen Zuflucht sucht.

"Ist kein Zurück
und auch kein Halt?"
Auf einem Sarge ruht der Blick
der stehenden Gestalt,
und in dem Felsen ist ein Schacht
ihr und dem Sarge zugedacht.

Der Fährmann nickt.
Der Stehende vernimmt entrückt
vom Wind getragen Singen aus vergang'ner Zeit.
Und während er vom früh'ren Leben träumt,
mit Macht sich nochmals Wind und Woge bäumt,
wird alles Leben schließlich ihm Vergangenheit.

Und als er jetzt nach vorne blickt,
sieht er die Insel plötzlich groß herangerückt,
und aus dem flachen, steingefassten Hain
heben sich düster lohende Zypressen,
und seinem Nachen zugemessen,
lädt eine Stufe nah zum Landen ein.

Der Fährmann sagt:
"Es ist vorbei."
Nicht länger fragt
der Stehende, ob er am Ziele sei.
Auf glattem Meere gleitend,
fast schwebt sein schwarzer Kahn,
die stille Fläche überschreitend,
legt er schweigend an.

(nach einem von S. Rachmaninov
vertonten Gemälde von A. Böcklin)

Mein Elternhaus

Bleich ragt das Haus im fahlen Licht
des Mondes, ein grauer Monolith,
und aberhundert Sterne seh ich funkeln,
erhellte Wolken spiegeln sich in dunkeln
Fenstern oben. Gleich einem müden Lid
verschließen unten Läden rings die Sicht.

Doch sie erwachen nicht,
sind abgewandt von dieser Welt,
die toten stumpfen Augen,
sie woll'n nicht mehr zum Sehen taugen:
tags wird das Innre nicht erhellt,
denn keiner drinnen braucht mehr Licht.

Wie oft steh ich vor diesem Bild,
sobald ich heimlich heimgekehrt,
und blicke auf den fahlen Garten.
Auch heute will ich länger warten:
im Mondschein steht das Haus verklärt,
und laue Winde wehen mild.

Und Kinderlachen dringt
zu mir, und Sonntagskaffeeduft
wie einst beim Hefekuchentunken,
und in die Bücher bin ich oft versunken,
als es zum Mittagessen ruft,
vom Dorf her Glockenläuten klingt.

Und später wurde manches Sommerfest
gefeiert abends hinterm Haus,
wir Freunde saßen, scherzten, lachten;
dass nie dies enden werde, dachten
wir und tranken heiter viele Gläser aus,
die Seelen frei, von Sorge losgelöst.

Und doch steht nun dies Haus verwaist
und ward mir fremd,
leis hallen Stimmen toter Seelen.
Die Eltern, die auf einmal fehlen,
dies alte Heim beweine ich verschämt.
Als Fremder kam ich hergereist.

Zum Grab des Vaters

Ich geh den Friedhofsweg entlang,
den namenlose Gräber still umrahmen,
wie stets ist es ein schwerer Gang
zum schwarzen Stein mit seinem Namen.

Doch diesmal scheint ein weißer Stein
davor am Wegrand hell zu strahlen.
Ich gehe hin, dies Grab ist klein.
Und ich entziffre Schrift und Zahlen.

Darin begraben – liegt ein Kind
(vielleicht ein Stofftier noch, das es am Ende hielt),
und als der Mutter lächelnd eine Träne rinnt,
hat es mit treuem Blick den nahen Tod gefühlt.

Das Grab sieht aus wie ein Idyll,
mit Moos und Blümchen, hübsch gehegt
von einer Mutter, die es halten will,
die weiter still ihr Kind im Herzen trägt.

Nur mich treibt's plötzlich fort von jener Stätte,
in der dies kleine, tapfre Kind begraben,
das gern die Mutter weiter angelächelt hätte:
dem seine Eltern meinen Namen gaben.

Muscheln

Mit jeder Flut vieltausendfach empor gerissen,
lässt Brandung ebbend sie im Sand zurück:
Wirbelnd zereinzelt, gebrochen, zerschlissen,
wie hingestreut im feuchten Ufersaum,
als sonnenglänzend loses Mosaik,
wie steingewordner Wellenschaum.

Des Lebens Zeugen aus geheimen Tiefen,
ans Licht geworfen von brausenden Seen:
Nimm die hellen mit den starken Riefen,
nimm auch die dunklen, die glatten ovalen:
perlmuttene Helme phantastischer Armeen;
bizzarre Panzer die Austernschalen!

Doch sind es nicht von abertausend Leichen
die Skelette, entblößt von Sonnenglut und Wind?
Gebeine, die vor unsern blinden Augen bleichen,
obszön zur Schau gestellt im feinen Sand,
eh sie bald selbst zu Sand zerrieben sind?
Dehnt nicht als Massengrab sich weit der Strand?

Wer seid Ihr, Namenlose, deren Schalen
wir gedankenlos wie Zeug zusammenlesen?
Welche Freuden, welche Kämpfe, Qualen
durchlittet Ihr, an diesem Strand zu enden?
Wer bist Du einst, Perlmuttgeschöpf, gewesen?
Welch großes Schicksal halte ich in Händen?

Kreidefelsen auf Rügen

Jählings endet hier der Wald;
hinter kreideweißen Klippen
weiten Himmel sich und graues Meer.
Zwischen gebleichten Felsgerippen
öffnet sich ein Ausschnitt bald,
als ob dies ein gerahmtes Bildnis wär.

Und wie ein stummes Bild erscheint
das ferne Meer zu unsern Füßen,
wo sich der schroffe Abgrund neigt.
Das ewig Ferne scheint sich zu erschließen,
Unendliches, das man wie Wind zu spüren meint.
Und seht, wie hoch das Meer zum Himmel steigt!

Wie es in fernen Nebeln hell zergeht,
die schimmernd ein Geheimnis wahren!
Weit unterhalb der Felsenfront
sehn wir zwei kleine Boote fahren,
erlösten Seelen gleich hinauf geweht
zum unbestimmten Horizont.

(nach einem Gemälde von C.D. Friedrich)

In die Fremde...

Wie auf ein geheimes Zeichen
hebt flatternd sich die Vogelschar,
ersehntes Land noch zu erreichen:
Es ist schon spät im Jahr.

Wer jetzt zu zaghaft bleibt,
sich ihnen anzuschließen,
wer harrt, von Furcht betäubt:
wie fände er zu jenen Paradiesen?

Er muss den Winter hier bestehen,
von trocknen Vorräten ernährt,
kann nicht die warmen Länder sehen,
die er sich bangend selbst verwehrt.

Wenn einst Entflohene wiederkehren,
so wird er ihre Lieder nicht verstehen,
sich selbst in stolzem Grimm verzehren,
ihr frohgemutes Singen schmähen.

Und jeder neue Winter macht ihn härter,
da ihn die Schar erneut verließ,
den Seinen bleut er selbstgewisse Wörter
und schweigt vom fernen Paradies.

Die eroberte Welt

Rodung, Krieg und Parasiten
verschlossen uns die Tropen,
öde ward das überfischte Meer;
verseucht von Isotopen,
liegen Atolle menschenleer,
als wären sie noch unberührt;
doch seit am Himmel Feuer glühten,
sind unsichtbar Barrieren eingraviert.

An andern Küsten reihen sich Hotels,
und Ferienflieger bringen tausend
sonnenbrillentragende Touristen;
auf festen Straßen schaukeln brausend
klimatisierte Busse durch die Wüsten,
und digital bannt man die wilden Tiere,
begeht auf Klettersteigen jeden Fels,
und aus Fernost sind alle Souvenire.

Fast unbemerkt erlosch die Glut
der jugendlichen Träume:
begangen ist längst jeder Weg,
beforscht entlegenste Räume;
und nicht der kleinste weiße Fleck
blieb ungefüllt in den Atlanten;
und jeder weiß, in Blut
ertrinkt das Land der Elefanten.

Was bleibt uns noch zu tun,
als sinnlos um uns selbst zu kreisen?
Nur selten, aus verdrängten Tiefen,
entsteigen Bilder, die ein Sehnen speisen:
dass ferne Kontinente neu sich schüfen,
dass neuer Raum und Sinn entstehe,
dass wie ein Hauch ein göttlicher Taifun
zerglühend über unsre Städte wehe...

Möwen am Strand

Streng äugt Ihr horusgleich hernieder,
wie Götter in gefiedertem Gewand:
Missbilligt Ihr die Eitelkeit, den Tand
der Menschen, Eurer nackten Brüder?

Ihr wandelt zwischen uns, betrachtet
dies leere Treiben ohne Kommentar,
steigt wieder auf ins Himmelsklar,
von starken Winden jäh verfrachtet.

Hoch schwebt Ihr über unsern Parasolen,
dem Menschgewimmel, bunt wie Blumen.
Doch schielt Ihr nicht zuletzt verstohlen
nach unsern hingeworfnen Krumen?

Und sind nicht wir die wahren Götter,
gleicht nicht der Strand olympischem Idyll,
bevölkert stets erneut bei Sonnenwetter
von zankend-spielendem Gewühl?

Oh, dass dies ewig währte,
sehnt Ihr, auf uns hinunter lugend:
Wie Traum um uns, die unbeschwerte
Götterwelt von Jugend!

Du

Du tratest in mein Leben wie ein Stern,
und doch sah ich in Dir niemals den Herrn,
um dessen Gnade man sich müht,
auch nicht das Kreuz, vor dem man kniet:
wie Licht hab ich Dich oft verspürt,
das mich durch Finsternisse führt.

In jene Welt, die ohne Trost und wahr
und Wenigen in Klarheit offenbar,
hast Du mir Helligkeit gebracht,
hast jener Flamme Glut entfacht,
die Wahrheit und Erkenntnis nährt
und uns mit Zuversicht bewehrt.

Und so ward mir Natur erklärlich,
Du wurdest mit der Zeit entbehrlich;
ich hab mich trotzig abgewandt,
mich zu Dir schamhaft nicht bekannt;
als hättest Du Dich nie ereignet,
hab ich Dich hundertfach geleugnet.

Und doch weiß ich mich still begleitet,
an Scheidewegen fest von Dir geleitet:
Du, vor den ich schmucklos trete,
Du, zu dem ich heimlich bete,
dem ich mich einst verschrieb:
– vergib!

Die Frau an der Bar

Wie sie die schlanken Beine umeinander schlägt,
und schwarze, grobgemaschte Strümpfe trägt,
den Kopf zur Seite neigend lächelnd zu Dir blickt,
den Hals entblößt, das dunkle Haar beiseite rückt!
Nun sei ein Mann wie jedermann,
geh zu ihr hin und sprich sie an!
Sieh zu, dass Du die schlanke Hüfte zu Dir biegst
Dich an die weichen Brüste schmiegst,
dass Du heut nacht in ihren Armen liegst,
sonst dringt ein Anderer in ihren Schoß!
Wär es nicht der Geschlechter Los,
die Menschheit wäre nicht:
und somit sei es Deine Pflicht!

Ich war bei ihr, durchs Fenster sah der Mond,
im grauen Licht hat sie auf mir gethront,
ihr weiches Haar strich über meine Lippen,
und ich hielt ihre jugendlichen Rippen.
Ich hab's getan, es war nicht viel dabei,
inzwischen ist es einerlei,
so einerlei wie aller Tand.
Und tausend Nächte gingen so vorbei,
und tausend Männer gingen zu ihr hin,
und tausend Männer suchten Sinn,
und keiner, der Erlösung fand.

König Alkohol

Ich bin des langen Tages Sold,
mit dem du frisches Leben kaufst,
ich bin der Nektar, den du saufst,
ich bin des Feierabends Gold.

Ich bin der honigherbe Gral,
den unstillbaren Durst zu stillen,
der Kelch, die Leere aufzufüllen,
dem Lebensdürstenden Labsal.

Vom Müden nehme ich die Last,
verleih dem Leichten mehr Gewicht,
ich geb dem Unbemerkten ein Gesicht,
und bin dem Ruhelosen Rast.

Ich geb dem Lauten recht, der irrt,
und schenk dem Stummen mein Gehör,
behaglich wärmt mein Fiebermeer,
zu dem ein leichter Pfad dich führt.

Bist du gelöst, bist du geschwächt,
stets *diene* ich im gleichen Maß:
Ich bin der gute Dschinn im Glas,
du bist der Herr, *ich* bin der Knecht.

Ein Citroen SM überholt

Konnte ich dein Nahen spüren,
ehe ich dein Bild schräg vorn
noch klein im Spiegel sah?
Erstrahlend wie ein Einhorn,
das, ohne Boden zu berühren,
aus einem weißem Nebel prescht,
warst Du auf einmal da.
Und alles Laute schien
mit deinem Kommen ausgelöscht,
wie Traum bist Du heran geeilt.

Ein bläulich schillernder Marlin,
der frei durch lichte Meere pfeilt,
den Taucher neugierig beäugt,
um jäh ins Ungefähre fortzuschnellen:
so harrst Du kurz zu meiner Linken,
um schließlich rasch vorbeizufahren.
Entschwebend über Bodenwellen,
scheinst Du mir wippend zuzuwinken:
ein Grüßen, das von jenen Zeiten zeugt,
als Menschenwerke schön und edel waren.

Klassentreffen

Dies Wiedersehn
hat meinen Jugendtraum zerstört,
die Liebe, die ich lang in mir verwahrt:
nun endlich hat sie aufgehört.
Du bist noch immer schön,
vielleicht ein wenig angejahrt.

Ich nicke sacht
mit einem Lächeln, das dem Bilde galt,
das diesen Augenblicks verschwand.
Sieh an, er wurde alt,
hast du gedacht,
gelächelt, dann dich abgewandt.

Noch ahnst Du nicht

Noch ahnst Du nicht, mein Kind,
wie wenig unsrer Jahre sind,
noch weißt Du nicht, mein Sohn,
dass Deiner Mühen Lohn
wenn nur Erinnern ist,
dass Du schon welk geboren bist.

Mein Sohn, noch ahnst Du nur,
dass ich nur eine schwache Spur
in Deinem langen Werden bin,
noch wähnst Du hinter Allem Sinn,
noch blickst Du froh nach vorn,
kennst Zweifel nicht, noch Zorn.

Du ahnst noch nicht, wie blind
einst Deine klaren Augen sind,
wie mählich Deine Welt dereinst
versinkt, die Du noch ewig meinst.
Ach Sohn, was gäbe ich,
dass Dir der Himmel nicht verblich,
wenn einst die Sonne schwindet,
nicht aller Sinn ein Ende findet!

Die unbeantwortete Frage

Wieviele sternerfüllte Galaxien
um uns in kalten Weiten,
wieviel erfunkelndes Erglühen,
uns zugesandt vor Ewigkeiten!

Wieviele unbemerkte Welten
im Schatten gleißender Gestirne?
Wer schätzt die ungezählten
Gespinste staunender Gehirne?

Wieviele große Gedanken,
der Nachwelt aufgeschrieben?
Wieviele Bibliotheken versanken,
wieviele Denkmäler blieben?

Wieviele erloschene Sonnen,
um die tote Erden kreisen?
Wievieles ward begonnen,
wievieles einst verheißen?

Wieviel vermessenes Wagen,
allüberall gescheitert?
Wieviele ungehörte Fragen,
ins All hinausgeschleudert?

Und keine Antwort – schweigend
umgibt uns groß die Nacht,
ewig Verzweiflung zeugend,
ins All hinausgelacht!

(nach der Komposition von C. Ives)

Wanderer am Weltenrand
(nach einem Flammarion zugeschriebenen Holzstich)

Nun also bin ich angelangt
nach einer lebenslangen Reise,
auf Knien gebeugt vorm Weltenrand,
durchdring ich endlich jenen Schleier,
der uns als Firmament umprangt,
erschaue staunend und gebannt
den Abgrund und dies Meer aus Feuer.

Als wäre es zu greifen,
hebt sich vergebens meine Hand,
die noch begreift in ihrer Weise.
Wohin geblendet meine Augen schweifen,
zeigt sich ein Bild nach ihrer Norm:
gewaltig stürmen, rollen, klingen,
Gewitter, Räderwerke, reine Form,
und ohne Ende, ohne Anfang
scheint dies ungeheure Ringen.

Kaum ahne ich dies Sein,
das hinter allen Dingen
ruht, die es als Trugbild bergen!
Gleich einem Vorhang
schirmt die Sternensphäre
erfunkelnd jene Feuermeere,
gehüllt in Dingen wie in Särgen,
scheint alles Fließen noch Gestein.

Die Kinderfrage

Du blickst mich an
mit Deinen Kinderaugen,
als wär die Antwort so zu raten,
als könnten Worte oder Taten
als Antwort jener Frage taugen.

Dann stellst Du fest,
dass ich sie Dir nicht nenne
und Dich die Antwort auch nicht lehre;
doch nicht, weil keine Antwort wäre:
es ist, weil ich sie selbst nicht kenne.

Ich weiß, dass ich
die Antwort niemals finde,
da ich die Frage nicht vernehme,
und selbst wenn Antwort ich bekäme,
ich diese Antwort nicht verstünde.

Die Zeit

Was bist Du, Zeit?
Bist Du Vergangenheit?
Bist – Augenblicke,
wie Perlen aufgereiht?
Bist Du es, Zeit,
die Künftiges gebiert?
Bist Du die Brücke,
die im Nebel sich verliert?

Bist Du die eine Schnur,
durch's Nadelöhr
der Gegenwart gefädelt?
Gezeiten im Meer?
Der stete Schlag
der Pendeluhr?
Oder – ein Sonntagvormittag,
lesend im Bett vertrödelt?

Bist Du das Maß,
das alles Werden misst,
die kosmische Mensur,
der Puls und Takt,
der Allem aufgebürdet ist,
der feine Katarakt
aus Sand im Stundenglas,
die tickende Unruh der Uhr?

Und bist Du's nicht, die
unerbittlich vorwärts strebt,
beständiges Entfleuchen
nicht greifbarer Präsenz?
Wirst Du im Jetzt der Melodie
als Übergang erlebt,
liegst im Verstreichen
des Glücksmoments?

Mir bist Du, Zeit,
vor Allem eins:
Unwiederbringlichkeit,
der Eisscholle Schmelzen,
die schwindend treibt,
mich trägt im Ozean des Seins,
verloren im endlosen Wälzen,
Du bist die Zeit, die bleibt.

Ich fand ein weißes Haar...

Ich fand ein weißes Haar
in Deinem vollen Blond,
es schimmerte und war
so silbern wie der Mond.

Ein erster Stern der Nacht,
die dämmernd stetig naht,
uns beiden zugedacht
auf unserm frohen Pfad.

Dies Ticken jener Uhr
vernimmst nun erstmals Du;
ich gab Dir einst den Schwur
und höre mit Dir zu.

Nächtlicher Flug über die Küste

Nächtiger Himmel, ungeheuer weit!
Sterndurchwirktes dunkles All:
ich bin Dir nah – und fern Dir Erde!
Vorm starrem Flügel preisgegeben,
in sammetschwarzer Tiefe hingestreut,
erfunkeln plötzlich Städte wie Kristall,
und die Gespinste leuchtender Gefährte
verknüpfen sie zu schimmernden Geweben.

Während der Flügel, fast regungslos,
sich weiter über jenes Lichtnetz schiebt,
das zart den unsichtbaren Grund bespannt,
verdichten sich die goldenen Schnüre,
und Glitzerstädte prangen festlich groß
um einen Abgrund, der sie schwarz umgibt,
erstrecken sich, inwärts gewandt,
gleich einer funkelnden Bordüre.

Dann wird der goldene Glittersaum
vom Flügel langsam ausgeblendet,
und in der Tiefe weitet
sich bodenlose Dunkelheit,
wölbt sich hinauf zum Weltenraum,
wo alles menschliche Getriebe endet,
und unser Raumschiff gleitet
durch Hallen von Unendlichkeit.

Phönix

Und aus der kalten Asche steigst
Du, Jugendvogel, wieder auf,
noch einmal schwingst
Du Dich zu neuem Lauf,
noch einmal dringst
Du vor ins Ungefähre,
noch einmal zeigst
Du mir die fernen Meere.

Und wieder heben
uns die starken Böen,
und wieder gleiten
wir in lichten Höhen —
tief unter unsern Blicken breiten
sich neuergrünte Kontinente aus!
O flieg, mein Freund, lass neu uns leben,
o halte nicht, flieg weiter, weit hinaus...

Inhalt

vom selben Autor erschienen:

Sternblaue Nacht · Gedichte

Philosophische Papierschiffchen · Gedanken zu Philosophie und Wissenschaft, Bewusstsein, Freiheit und zur Natur des Menschen

Das umgekehrte Auge · Sechs Erzählungen

Zeitfracht Medien GmbH
Ferdinand-Jühlke-Straße 7
99095 Erfurt, Deutschland
produktsicherheit@kolibri360.de